This Password Book Belongs to...

....

....

....

....

10 Tips for Stronger Password

1 Passwords should be 7–10 characters long at least. More is better. Longer is better.

2 Do not use a character sequence such as 1234, 4321, ABC, XYZ, etc.

Include a combination of upper and lower case letters, numbers and punctuation and spread them out in your password instead of lumping them all at the start or end.

3 Don't use single dictionary phrases (spelled forward or backward) and avoid private data that can be extracted from social media, such as birthdays, pet names, road names, etc.

4 Do not use dictionary word character replacement (such as p@$worD).

5 Use a 3-word string that is important for you so that you can remember your password readily without writing up it and referring to it.

Good example of password

3wOrdSmushedTo{gether

Bad example of password

P@ssword123

6 Do not reuse passwords. Or use a single password for all websites.

7 To create and store powerful, randomized passwords, use a password management tool like 1Password.

8 If you provided, add 2-factor authentication (such as 2-step or multi-factor).

9 Multi-factor authentication is provided by many providers such as Google, Apple, Microsoft, and Facebook.

10 If you are an administrator, use the lists of frequently used password or compromised passwords to screen new passwords.

Keep this book in a secure place.

A
B
C
D
E
F
G
H
I
J
K
L
M
N
O
P
Q
R
S
T
U
V
W
X
Y
Z

Website

Username

Password

Notes

Website

Username

Password

Notes

Website

Username

Password

Notes

Website

Username

Password

Notes

Website

Username

Password

Notes

Website	
Username	
Password	
Notes	

Website	
Username	
Password	
Notes	

Website	
Username	
Password	
Notes	

Website	
Username	
Password	
Notes	

Website	
Username	
Password	
Notes	

A
B
C
D
E
F
G
H
I
J
K
L
M
N
O
P
Q
R
S
T
U
V
W
X
Y
Z

A
B
C
D
E
F
G
H
I
J
K
L
M
N
O
P
Q
R
S
T
U
V
W
X
Y
Z

Website	
Username	
Password	
Notes	

Website	
Username	
Password	
Notes	

Website	
Username	
Password	
Notes	

Website	
Username	
Password	
Notes	

Website	
Username	
Password	
Notes	

Website	
Username	
Password	
Notes	

Website	
Username	
Password	
Notes	

Website	
Username	
Password	
Notes	

Website	
Username	
Password	
Notes	

Website	
Username	
Password	
Notes	

A
B
C
D
E
F
G
H
I
J
K
L
M
N
O
P
Q
R
S
T
U
V
W
X
Y
Z

A
B
C
D
E

Website	
Username	
Password	
Notes	

F
G
H
I
J

Website	
Username	
Password	
Notes	

K
L
M
N
O

Website	
Username	
Password	
Notes	

P
Q
R
S
T

Website	
Username	
Password	
Notes	

U
V
W
X
Y
Z

Website	
Username	
Password	
Notes	

A B C D E F G H I J K L M N O P Q R S T U V W X Y Z

Website ....

Username ....

Password ....

Notes ....

Website ....

Username ....

Password ....

Notes ....

Website ....

Username ....

Password ....

Notes ....

Website ....

Username ....

Password ....

Notes ....

Website ....

Username ....

Password ....

Notes ....

A
B
C
D
E
F
G
H
I
J
K
L
M
N
O
P
Q
R
S
T
U
V
W
X
Y
Z

Website
Username
Password
Notes

Website
Username
Password
Notes

Website
Username
Password
Notes

Website
Username
Password
Notes

Website
Username
Password
Notes

Website	
Username	....
Password	....
Notes	....
	....

Website	
Username	....
Password	....
Notes	....
	....

Website	
Username	....
Password	....
Notes	....
	....

Website	
Username	....
Password	....
Notes	....
	....

Website	
Username	....
Password	....
Notes	....
	....

A
B
C
D
E
F
G
H
I
J
K
L
M
N
O
P
Q
R
S
T
U
V
W
X
Y
Z

A
B
C
D
E
F
G
H
I
J
K
L
M
N
O
P
Q
R
S
T
U
V
W
X
Y
Z

Website

Username

Password

Notes

Website

Username

Password

Notes

Website

Username

Password

Notes

Website

Username

Password

Notes

Website

Username

Password

Notes

Website	
Username	
Password	
Notes	

Website	
Username	
Password	
Notes	

Website	
Username	
Password	
Notes	

Website	
Username	
Password	
Notes	

Website	
Username	
Password	
Notes	

A **B** C D E F G H I J K L M N O P Q R S T U V W X Y Z

A
B
C
D
E
F
G
H
I
J
K
L
M
N
O
P
Q
R
S
T
U
V
W
X
Y
Z

Website	
Username	
Password	
Notes	

Website	
Username	
Password	
Notes	

Website	
Username	
Password	
Notes	

Website	
Username	
Password	
Notes	

Website	
Username	
Password	
Notes	

Website	....
Username	....
Password	....
Notes	....

Website	....
Username	....
Password	....
Notes	....

Website	....
Username	....
Password	....
Notes	....

Website	....
Username	....
Password	....
Notes	....

Website	....
Username	....
Password	....
Notes	....

A
B
C
D
E
F
G
H
I
J
K
L
M
N
O
P
Q
R
S
T
U
V
W
X
Y
Z

A
B
C
D
E
F
G
H
I
J
K
L
M
N
O
P
Q
R
S
T
U
V
W
X
Y
Z

Website
Username
Password
Notes

Website
Username
Password
Notes

Website
Username
Password
Notes

Website
Username
Password
Notes

Website
Username
Password
Notes

Website	....
Username	....
Password	....
Notes	....

Website	....
Username	....
Password	....
Notes	....

Website	....
Username	....
Password	....
Notes	....

Website	....
Username	....
Password	....
Notes	....

Website	....
Username	....
Password	....
Notes	....

A
B
C
D
E
F
G
H
I
J
K
L
M
N
O
P
Q
R
S
T
U
V
W
X
Y
Z

A
B
C
D
E
F
G
H
I
J
K
L
M
N
O
P
Q
R
S
T
U
V
W
X
Y
Z

Website
Username
Password
Notes

Website
Username
Password
Notes

Website
Username
Password
Notes

Website
Username
Password
Notes

Website
Username
Password
Notes

Website	....
Username	....
Password	....
Notes	....

Website	....
Username	....
Password	....
Notes	....

Website	....
Username	....
Password	....
Notes	....

Website	....
Username	....
Password	....
Notes	....

Website	....
Username	....
Password	....
Notes	....

A
B
C
D
E
F
G
H
I
J
K
L
M
N
O
P
Q
R
S
T
U
V
W
X
Y
Z

A B C **D** E F G H I J K L M N O P Q R S T U V W X Y Z

Website	....
Username	....
Password	....
Notes	....

Website	....
Username	....
Password	....
Notes	....

Website	....
Username	....
Password	....
Notes	....

Website	....
Username	....
Password	....
Notes	....

Website	....
Username	....
Password	....
Notes	....

Website	....
Username	....
Password	....
Notes	....

Website	....
Username	....
Password	....
Notes	....

Website	....
Username	....
Password	....
Notes	....

Website	....
Username	....
Password	....
Notes	....

Website	....
Username	....
Password	....
Notes	....

A
B
C
D
E
F
G
H
I
J
K
L
M
N
O
P
Q
R
S
T
U
V
W
X
Y
Z

A
B
C
D
E
F
G
H
I
J
K
L
M
N
O
P
Q
R
S
T
U
V
W
X
Y
Z

Website
Username
Password
Notes

Website
Username
Password
Notes

Website
Username
Password
Notes

Website
Username
Password
Notes

Website
Username
Password
Notes

Website	....
Username	....
Password	....
Notes	....

Website	....
Username	....
Password	....
Notes	....

Website	....
Username	....
Password	....
Notes	....

Website	....
Username	....
Password	....
Notes	....

Website	....
Username	....
Password	....
Notes	....

A
B
C
D
E
F
G
H
I
J
K
L
M
N
O
P
Q
R
S
T
U
V
W
X
Y
Z

A
B
C
D
E
F
G
H
I
J
K
L
M
N
O
P
Q
R
S
T
U
V
W
X
Y
Z

Website ....
Username ....
Password ....
Notes ....

Website ....
Username ....
Password ....
Notes ....

Website ....
Username ....
Password ....
Notes ....

Website ....
Username ....
Password ....
Notes ....

Website ....
Username ....
Password ....
Notes ....

Website	....
Username	....
Password	....
Notes	....

Website	....
Username	....
Password	....
Notes	....

Website	....
Username	....
Password	....
Notes	....

Website	....
Username	....
Password	....
Notes	....

Website	....
Username	....
Password	....
Notes	....

A
B
C
D
E
F
G
H
I
J
K
L
M
N
O
P
Q
R
S
T
U
V
W
X
Y
Z

A B C D **E** F G H I J K L M N O P Q R S T U V W X Y Z

Website	....
Username	....
Password	....
Notes	....

Website	....
Username	....
Password	....
Notes	....

Website	....
Username	....
Password	....
Notes	....

Website	....
Username	....
Password	....
Notes	....

Website	....
Username	....
Password	....
Notes	....

Website	....	A
Username	....	B
Password	....	C
Notes	....	D
		E
Website	....	F
Username	....	G
Password	....	H
Notes	....	I
		J
Website	....	K
Username	....	L
Password	....	M
Notes	....	N
		O
Website	....	P
Username	....	Q
Password	....	R
Notes	....	S
		T
Website	....	U
Username	....	V
Password	....	W
Notes	....	X
		Y
		Z

A B C D E **F** G H I J K L M N O P Q R S T U V W X Y Z

Website	....
Username	....
Password	....
Notes	....

Website	....
Username	....
Password	....
Notes	....

Website	....
Username	....
Password	....
Notes	....

Website	....
Username	....
Password	....
Notes	....

Website	....
Username	....
Password	....
Notes	....

Website	....
Username	....
Password	....
Notes	....

Website	....
Username	....
Password	....
Notes	....

Website	....
Username	....
Password	....
Notes	....

Website	....
Username	....
Password	....
Notes	....

Website	....
Username	....
Password	....
Notes	....

A B C D E **F** G H I J K L M N O P Q R S T U V W X Y Z

A B C D E **F** G H I J K L M N O P Q R S T U V W X Y Z

Website	
Username	
Password	
Notes	

Website	
Username	
Password	
Notes	

Website	
Username	
Password	
Notes	

Website	
Username	
Password	
Notes	

Website	
Username	
Password	
Notes	

Website	
Username	
Password	
Notes	

Website	
Username	
Password	
Notes	

Website	
Username	
Password	
Notes	

Website	
Username	
Password	
Notes	

Website	
Username	
Password	
Notes	

A
B
C
D
E
F
G
H
I
J
K
L
M
N
O
P
Q
R
S
T
U
V
W
X
Y
Z

A B C D E F **G** H I J K L M N O P Q R S T U V W X Y Z

Website	
Username	
Password	
Notes	

Website	
Username	
Password	
Notes	

Website	
Username	
Password	
Notes	

Website	
Username	
Password	
Notes	

Website	
Username	
Password	
Notes	

Website	....
Username	....
Password	....
Notes	....

Website	....
Username	....
Password	....
Notes	....

Website	....
Username	....
Password	....
Notes	....

Website	....
Username	....
Password	....
Notes	....

Website	....
Username	....
Password	....
Notes	....

A B C D E F **G** H I J K L M N O P Q R S T U V W X Y Z

A
B
C
D
E
F
G
H
I
J
K
L
M
N
O
P
Q
R
S
T
U
V
W
X
Y
Z

Website	
Username	
Password	
Notes	

Website	
Username	
Password	
Notes	

Website	
Username	
Password	
Notes	

Website	
Username	
Password	
Notes	

Website	
Username	
Password	
Notes	

Website	
Username	
Password	
Notes	

Website	
Username	
Password	
Notes	

Website	
Username	
Password	
Notes	

Website	
Username	
Password	
Notes	

Website	
Username	
Password	
Notes	

A
B
C
D
E
F
G
H
I
J
K
L
M
N
O
P
Q
R
S
T
U
V
W
X
Y
Z

A B C D E F G **H** I J K L M N O P Q R S T U V W X Y Z

Website	
Username	
Password	
Notes	

Website	
Username	
Password	
Notes	

Website	
Username	
Password	
Notes	

Website	
Username	
Password	
Notes	

Website	
Username	
Password	
Notes	

Website	
Username	
Password	
Notes	

Website	
Username	
Password	
Notes	

Website	
Username	
Password	
Notes	

Website	
Username	
Password	
Notes	

Website	
Username	
Password	
Notes	

A
B
C
D
E
F
G
H
I
J
K
L
M
N
O
P
Q
R
S
T
U
V
W
X
Y
Z

A B C D E F G **H** I J K L M N O P Q R S T U V W X Y Z

Website	
Username	
Password	
Notes	

Website	
Username	
Password	
Notes	

Website	
Username	
Password	
Notes	

Website	
Username	
Password	
Notes	

Website	
Username	
Password	
Notes	

Website	....
Username	....
Password	....
Notes	....

Website	....
Username	....
Password	....
Notes	....

Website	....
Username	....
Password	....
Notes	....

Website	....
Username	....
Password	....
Notes	....

Website	....
Username	....
Password	....
Notes	....

A B C D E F G **H** I J K L M N O P Q R S T U V W X Y Z

A
B
C
D
E
F
G
H
I
J
K
L
M
N
O
P
Q
R
S
T
U
V
W
X
Y
Z

Website	
Username	
Password	
Notes	

Website	
Username	
Password	
Notes	

Website	
Username	
Password	
Notes	

Website	
Username	
Password	
Notes	

Website	
Username	
Password	
Notes	

Website	....
Username	....
Password	....
Notes	....

Website	....
Username	....
Password	....
Notes	....

Website	....
Username	....
Password	....
Notes	....

Website	....
Username	....
Password	....
Notes	....

Website	....
Username	....
Password	....
Notes	....

A
B
C
D
E
F
G
H
I
J
K
L
M
N
O
P
Q
R
S
T
U
V
W
X
Y
Z

A B C D E F G H **I** J K L M N O P Q R S T U V W X Y Z

Website	
Username	
Password	
Notes	

Website	
Username	
Password	
Notes	

Website	
Username	
Password	
Notes	

Website	
Username	
Password	
Notes	

Website	
Username	
Password	
Notes	

Website	
Username	
Password	
Notes	

Website	
Username	
Password	
Notes	

Website	
Username	
Password	
Notes	

Website	
Username	
Password	
Notes	

Website	
Username	
Password	
Notes	

A
B
C
D
E
F
G
H
I
J
K
L
M
N
O
P
Q
R
S
T
U
V
W
X
Y
Z

A
B
C
D
E
F
G
H
I
J
K
L
M
N
O
P
Q
R
S
T
U
V
W
X
Y
Z

Website
Username
Password
Notes

....
....
....
....

Website
Username
Password
Notes

....
....
....
....

Website
Username
Password
Notes

....
....
....
....

Website
Username
Password
Notes

....
....
....
....

Website
Username
Password
Notes

....
....
....
....

Website Username Password Notes	....
Website Username Password Notes	....
Website Username Password Notes	....
Website Username Password Notes	....
Website Username Password Notes	....

A
B
C
D
E
F
G
H
I
J
K
L
M
N
O
P
Q
R
S
T
U
V
W
X
Y
Z

A
B
C
D
E
F
G
H
I
J
K
L
M
N
O
P
Q
R
S
T
U
V
W
X
Y
Z

Website
Username
Password
Notes

Website
Username
Password
Notes

Website
Username
Password
Notes

Website
Username
Password
Notes

Website
Username
Password
Notes

Website	
Username	
Password	
Notes	

Website	
Username	
Password	
Notes	

Website	
Username	
Password	
Notes	

Website	
Username	
Password	
Notes	

Website	
Username	
Password	
Notes	

A
B
C
D
E
F
G
H
I
J
K
L
M
N
O
P
Q
R
S
T
U
V
W
X
Y
Z

A B C D E F G H I **J** K L M N O P Q R S T U V W X Y Z

Website	
Username	
Password	
Notes	

Website	
Username	
Password	
Notes	

Website	
Username	
Password	
Notes	

Website	
Username	
Password	
Notes	

Website	
Username	
Password	
Notes	

Website	
Username	
Password	
Notes	

Website	
Username	
Password	
Notes	

Website	
Username	
Password	
Notes	

Website	
Username	
Password	
Notes	

Website	
Username	
Password	
Notes	

A
B
C
D
E
F
G
H
I
J
K
L
M
N
O
P
Q
R
S
T
U
V
W
X
Y
Z

A
B
C
D
E
F
G
H
I
J
K
L
M
N
O
P
Q
R
S
T
U
V
W
X
Y
Z

Website	
Username	
Password	
Notes	

Website	
Username	
Password	
Notes	

Website	
Username	
Password	
Notes	

Website	
Username	
Password	
Notes	

Website	
Username	
Password	
Notes	

Website	....
Username	....
Password	....
Notes	....

Website	....
Username	....
Password	....
Notes	....

Website	....
Username	....
Password	....
Notes	....

Website	....
Username	....
Password	....
Notes	....

Website	....
Username	....
Password	....
Notes	....

A
B
C
D
E
F
G
H
I
J
K
L
M
N
O
P
Q
R
S
T
U
V
W
X
Y
Z

A
B
C
D
E
F
G
H
I
J

K

L
M
N
O
P
Q
R
S
T
U
V
W
X
Y
Z

Website

Username

Password

Notes

Website

Username

Password

Notes

Website

Username

Password

Notes

Website

Username

Password

Notes

Website

Username

Password

Notes

Website	....
Username	....
Password	....
Notes	....

Website	....
Username	....
Password	....
Notes	....

Website	....
Username	....
Password	....
Notes	....

Website	....
Username	....
Password	....
Notes	....

Website	....
Username	....
Password	....
Notes	....

A
B
C
D
E
F
G
H
I
J
K
L
M
N
O
P
Q
R
S
T
U
V
W
X
Y
Z

A B C D E F G H I J K **L** M N O P Q R S T U V W X Y Z

Website	
Username	
Password	
Notes	

Website	
Username	
Password	
Notes	

Website	
Username	
Password	
Notes	

Website	
Username	
Password	
Notes	

Website	
Username	
Password	
Notes	

Website	....
Username	....
Password	....
Notes	....

Website	....
Username	....
Password	....
Notes	....

Website	....
Username	....
Password	....
Notes	....

Website	....
Username	....
Password	....
Notes	....

Website	....
Username	....
Password	....
Notes	....

A B C D E F G H I J K **L** M N O P Q R S T U V W X Y Z

A B C D E F G H I J K **L** M N O P Q R S T U V W X Y Z

Website	
Username	
Password	
Notes	

Website	
Username	
Password	
Notes	

Website	
Username	
Password	
Notes	

Website	
Username	
Password	
Notes	

Website	
Username	
Password	
Notes	

Website	
Username	
Password	
Notes	

Website	
Username	
Password	
Notes	

Website	
Username	
Password	
Notes	

Website	
Username	
Password	
Notes	

Website	
Username	
Password	
Notes	

A
B
C
D
E
F
G
H
I
J
K
L
M
N
O
P
Q
R
S
T
U
V
W
X
Y
Z

A
B
C
D
E
F
G
H
I
J
K
L
M
N
O
P
Q
R
S
T
U
V
W
X
Y
Z

Website	....
Username	....
Password	....
Notes	....

Website	....
Username	....
Password	....
Notes	....

Website	....
Username	....
Password	....
Notes	....

Website	....
Username	....
Password	....
Notes	....

Website	....
Username	....
Password	....
Notes	....

Website	....
Username	....
Password	....
Notes	....

Website	....
Username	....
Password	....
Notes	....

Website	....
Username	....
Password	....
Notes	....

Website	....
Username	....
Password	....
Notes	....

Website	....
Username	....
Password	....
Notes	....

A
B
C
D
E
F
G
H
I
J
K
L
M
N
O
P
Q
R
S
T
U
V
W
X
Y
Z

A
B
C
D
E
F
G
H
I
J
K
L
M
N
O
P
Q
R
S
T
U
V
W
X
Y
Z

Website
Username
Password
Notes

Website
Username
Password
Notes

Website
Username
Password
Notes

Website
Username
Password
Notes

Website
Username
Password
Notes

Website	
Username	
Password	
Notes	

Website	
Username	
Password	
Notes	

Website	
Username	
Password	
Notes	

Website	
Username	
Password	
Notes	

Website	
Username	
Password	
Notes	

A
B
C
D
E
F
G
H
I
J
K
L
M
N
O
P
Q
R
S
T
U
V
W
X
Y
Z

A
B
C
D
E
F
G
H
I
J
K
L
M
N
O
P
Q
R
S
T
U
V
W
X
Y
Z

Website

Username

Password

Notes

Website

Username

Password

Notes

Website

Username

Password

Notes

Website

Username

Password

Notes

Website

Username

Password

Notes

Website	....
Username	....
Password	....
Notes	....

Website	....
Username	....
Password	....
Notes	....

Website	....
Username	....
Password	....
Notes	....

Website	....
Username	....
Password	....
Notes	....

Website	....
Username	....
Password	....
Notes	....

A
B
C
D
E
F
G
H
I
J
K
L
M
N
O
P
Q
R
S
T
U
V
W
X
Y
Z

A
B
C
D
E
F
G
H
I
J
K
L
M
N
O
P
Q
R
S
T
U
V
W
X
Y
Z

Website
Username
Password
Notes

Website
Username
Password
Notes

Website
Username
Password
Notes

Website
Username
Password
Notes

Website
Username
Password
Notes

Website		A
Username		B
Password		C
Notes		D
		E
Website		F
Username		G
Password		H
Notes		I
		J
Website		K
Username		L
Password		M
Notes		**N**
		O
Website		P
Username		Q
Password		R
Notes		S
		T
Website		U
Username		V
Password		W
Notes		X Y Z

A B C D E F G H I J K L M **N** O P Q R S T U V W X Y Z

Website	
Username	
Password	
Notes	

Website	
Username	
Password	
Notes	

Website	
Username	
Password	
Notes	

Website	
Username	
Password	
Notes	

Website	
Username	
Password	
Notes	

Website	
Username	
Password	
Notes	

Website	
Username	
Password	
Notes	

Website	
Username	
Password	
Notes	

Website	
Username	
Password	
Notes	

Website	
Username	
Password	
Notes	

A
B
C
D
E
F
G
H
I
J
K
L
M
N
O
P
Q
R
S
T
U
V
W
X
Y
Z

A B C D E F G H I J K L M N **O** P Q R S T U V W X Y Z

Website	....
Username	....
Password	....
Notes	....

Website	....
Username	....
Password	....
Notes	....

Website	....
Username	....
Password	....
Notes	....

Website	....
Username	....
Password	....
Notes	....

Website	....
Username	....
Password	....
Notes	....

Website	
Username	
Password	
Notes	

Website	
Username	
Password	
Notes	

Website	
Username	
Password	
Notes	

Website	
Username	
Password	
Notes	

Website	
Username	
Password	
Notes	

A
B
C
D
E
F
G
H
I
J
K
L
M
N
O
P
Q
R
S
T
U
V
W
X
Y
Z

A
B
C
D
E
F
G
H
I
J
K
L
M
N
O
P
Q
R
S
T
U
V
W
X
Y
Z

Website

Username

Password

Notes

Website

Username

Password

Notes

Website

Username

Password

Notes

Website

Username

Password

Notes

Website

Username

Password

Notes

Website	....	A
Username	....	B
Password	....	C
Notes	....	D
		E
Website	....	F
Username	....	G
Password	....	H
Notes	....	I
		J
Website	....	K
Username	....	L
Password	....	M
Notes	....	N
		O
Website	....	P
Username	....	Q
Password	....	R
Notes	....	S
		T
Website	....	U
Username	....	V
Password	....	W
Notes	....	X
		Y
		Z

A
B
C
D
E
F
G
H
I
J
K
L
M
N
O
P
Q
R
S
T
U
V
W
X
Y
Z

Website
Username
Password
Notes

Website
Username
Password
Notes

Website
Username
Password
Notes

Website
Username
Password
Notes

Website
Username
Password
Notes

Website	....
Username	....
Password	....
Notes	....

Website	....
Username	....
Password	....
Notes	....

Website	....
Username	....
Password	....
Notes	....

Website	....
Username	....
Password	....
Notes	....

Website	....
Username	....
Password	....
Notes	....

A B C D E F G H I J K L M N O **P** Q R S T U V W X Y Z

A
B
C
D
E
F
G
H
I
J
K
L
M
N
O
P
Q
R
S
T
U
V
W
X
Y
Z

Website
Username
Password
Notes

Website
Username
Password
Notes

Website
Username
Password
Notes

Website
Username
Password
Notes

Website
Username
Password
Notes

Website	....
Username	....
Password	....
Notes	....

Website	....
Username	....
Password	....
Notes	....

Website	....
Username	....
Password	....
Notes	....

Website	....
Username	....
Password	....
Notes	....

Website	....
Username	....
Password	....
Notes	....

A
B
C
D
E
F
G
H
I
J
K
L
M
N
O
P
Q
R
S
T
U
V
W
X
Y
Z

A
B
C
D
E
F
G
H
I
J
K
L
M
N
O
P
Q
R
S
T
U
V
W
X
Y
Z

Website

Username

Password

Notes

Website

Username

Password

Notes

Website

Username

Password

Notes

Website

Username

Password

Notes

Website

Username

Password

Notes

Website	....
Username	....
Password	....
Notes	....

Website	....
Username	....
Password	....
Notes	....

Website	....
Username	....
Password	....
Notes	....

Website	....
Username	....
Password	....
Notes	....

Website	....
Username	....
Password	....
Notes	....

A
B
C
D
E
F
G
H
I
J
K
L
M
N
O
P
Q
R
S
T
U
V
W
X
Y
Z

A B C D E F G H I J K L M N O P **Q** R S T U V W X Y Z

Website
Username
Password
Notes

Website
Username
Password
Notes

Website
Username
Password
Notes

Website
Username
Password
Notes

Website
Username
Password
Notes

Website	
Username	
Password	
Notes	

Website	
Username	
Password	
Notes	

Website	
Username	
Password	
Notes	

Website	
Username	
Password	
Notes	

Website	
Username	
Password	
Notes	

A B C D E F G H I J K L M N O P **Q** R S T U V W X Y Z

A
B
C
D
E
F
G
H
I
J
K
L
M
N
O
P
Q
R
S
T
U
V
W
X
Y
Z

Website

Username

Password

Notes

Website

Username

Password

Notes

Website

Username

Password

Notes

Website

Username

Password

Notes

Website

Username

Password

Notes

Website	....
Username	....
Password	....
Notes	....

Website	....
Username	....
Password	....
Notes	....

Website	....
Username	....
Password	....
Notes	....

Website	....
Username	....
Password	....
Notes	....

Website	....
Username	....
Password	....
Notes	....

A
B
C
D
E
F
G
H
I
J
K
L
M
N
O
P
Q
R
S
T
U
V
W
X
Y
Z

A B C D E F G H I J K L M N O P Q **R** S T U V W X Y Z

Website	
Username	
Password	
Notes	

Website	
Username	
Password	
Notes	

Website	
Username	
Password	
Notes	

Website	
Username	
Password	
Notes	

Website	
Username	
Password	
Notes	

Website	....
Username	....
Password	....
Notes	....

Website	....
Username	....
Password	....
Notes	....

Website	....
Username	....
Password	....
Notes	....

Website	....
Username	....
Password	....
Notes	....

Website	....
Username	....
Password	....
Notes	....

A B C D E F G H I J K L M N O P Q **R** S T U V W X Y Z

A
B
C
D
E
F
G
H
I
J
K
L
M
N
O
P
Q
R
S
T
U
V
W
X
Y
Z

Website

Username

Password

Notes

Website

Username

Password

Notes

Website

Username

Password

Notes

Website

Username

Password

Notes

Website

Username

Password

Notes

Website	....
Username	....
Password	....
Notes	....

Website	....
Username	....
Password	....
Notes	....

Website	....
Username	....
Password	....
Notes	....

Website	....
Username	....
Password	....
Notes	....

Website	....
Username	....
Password	....
Notes	....

A B C D E F G H I J K L M N O P Q **R** S T U V W X Y Z

A
B
C
D
E
F
G
H
I
J
K
L
M
N
O
P
Q
R
S
T
U
V
W
X
Y
Z

Website
Username
Password
Notes

Website
Username
Password
Notes

Website
Username
Password
Notes

Website
Username
Password
Notes

Website
Username
Password
Notes

Website	
Username	
Password	
Notes	

Website	
Username	
Password	
Notes	

Website	
Username	
Password	
Notes	

Website	
Username	
Password	
Notes	

Website	
Username	
Password	
Notes	

A
B
C
D
E
F
G
H
I
J
K
L
M
N
O
P
Q
R
S
T
U
V
W
X
Y
Z

A B C D E F G H I J K L M N O P Q R **S** T U V W X Y Z

Website
Username
Password
Notes

Website
Username
Password
Notes

Website
Username
Password
Notes

Website
Username
Password
Notes

Website
Username
Password
Notes

Website	
Username	....
Password	....
Notes	....
	....

Website	
Username	....
Password	....
Notes	....
	....

Website	
Username	....
Password	....
Notes	....
	....

Website	
Username	....
Password	....
Notes	....
	....

Website	
Username	....
Password	....
Notes	....
	....

A
B
C
D
E
F
G
H
I
J
K
L
M
N
O
P
Q
R
S
T
U
V
W
X
Y
Z

A B C D E F G H I J K L M N O P Q R **S** T U V W X Y Z

Website	
Username	
Password	
Notes	

Website	
Username	
Password	
Notes	

Website	
Username	
Password	
Notes	

Website	
Username	
Password	
Notes	

Website	
Username	
Password	
Notes	

Website	
Username	
Password	
Notes	

Website	
Username	
Password	
Notes	

Website	
Username	
Password	
Notes	

Website	
Username	
Password	
Notes	

Website	
Username	
Password	
Notes	

A
B
C
D
E
F
G
H
I
J
K
L
M
N
O
P
Q
R
S
T
U
V
W
X
Y
Z

A B C D E F G H I J K L M N O P Q R S **T** U V W X Y Z

Website	....
Username	....
Password	....
Notes	....

Website	....
Username	....
Password	....
Notes	....

Website	....
Username	....
Password	....
Notes	....

Website	....
Username	....
Password	....
Notes	....

Website	....
Username	....
Password	....
Notes	....

Website	....
Username	....
Password	....
Notes	....

Website	....
Username	....
Password	....
Notes	....

Website	....
Username	....
Password	....
Notes	....

Website	....
Username	....
Password	....
Notes	....

Website	....
Username	....
Password	....
Notes	....

A
B
C
D
E
F
G
H
I
J
K
L
M
N
O
P
Q
R
S
T
U
V
W
X
Y
Z

A
B
C
D
E
F
G
H
I
J
K
L
M
N
O
P
Q
R
S
T
U
V
W
X
Y
Z

Website	....
Username	....
Password	....
Notes	....

Website	....
Username	....
Password	....
Notes	....

Website	....
Username	....
Password	....
Notes	....

Website	....
Username	....
Password	....
Notes	....

Website	....
Username	....
Password	....
Notes	....

Website	....	A
Username	....	B
Password	....	C
Notes	....	D
Website	....	E
Username	....	F
Password	....	G
Notes	....	H
Website	....	I
Username	....	J
Password	....	K
Notes	....	L
Website	....	M
Username	....	N
Password	....	O
Notes	....	P
Website	....	Q
Username	....	R
Password	....	S
Notes	....	**T**
		U
		V
		W
		X
		Y
		Z

A B C D E F G H I J K L M N O P Q R S **T** U V W X Y Z

Website	
Username	
Password	
Notes	

Website	
Username	
Password	
Notes	

Website	
Username	
Password	
Notes	

Website	
Username	
Password	
Notes	

Website	
Username	
Password	
Notes	

Website	
Username	
Password	
Notes	

Website	
Username	
Password	
Notes	

Website	
Username	
Password	
Notes	

Website	
Username	
Password	
Notes	

Website	
Username	
Password	
Notes	

A
B
C
D
E
F
G
H
I
J
K
L
M
N
O
P
Q
R
S
T
U
V
W
X
Y
Z

A
B
C
D
E
F
G
H
I
J
K
L
M
N
O
P
Q
R
S
T
U
V
W
X
Y
Z

Website

Username

Password

Notes

Website

Username

Password

Notes

Website

Username

Password

Notes

Website

Username

Password

Notes

Website

Username

Password

Notes

Website	....
Username	....
Password	....
Notes	....

Website	....
Username	....
Password	....
Notes	....

Website	....
Username	....
Password	....
Notes	....

Website	....
Username	....
Password	....
Notes	....

Website	....
Username	....
Password	....
Notes	....

A B C D E F G H I J K L M N O P Q R S T **U** V W X Y Z

A
B
C
D
E
F
G
H
I
J
K
L
M
N
O
P
Q
R
S
T
U
V
W
X
Y
Z

Website

Username

Password

Notes

Website

Username

Password

Notes

Website

Username

Password

Notes

Website

Username

Password

Notes

Website

Username

Password

Notes

Website	
Username	
Password	
Notes	

Website	
Username	
Password	
Notes	

Website	
Username	
Password	
Notes	

Website	
Username	
Password	
Notes	

Website	
Username	
Password	
Notes	

A
B
C
D
E
F
G
H
I
J
K
L
M
N
O
P
Q
R
S
T
U
V
W
X
Y
Z

A
B
C
D
E
F
G
H
I
J
K
L
M
N
O
P
Q
R
S
T
U
V
W
X
Y
Z

Website	
Username	
Password	
Notes	

Website	
Username	
Password	
Notes	

Website	
Username	
Password	
Notes	

Website	
Username	
Password	
Notes	

Website	
Username	
Password	
Notes	

Website	
Username	
Password	
Notes	

Website	
Username	
Password	
Notes	

Website	
Username	
Password	
Notes	

Website	
Username	
Password	
Notes	

Website	
Username	
Password	
Notes	

A
B
C
D
E
F
G
H
I
J
K
L
M
N
O
P
Q
R
S
T
U
V
W
X
Y
Z

A
B
C
D
E
F
G
H
I
J
K
L
M
N
O
P
Q
R
S
T
U
V
W
X
Y
Z

Website
Username
Password
Notes

Website
Username
Password
Notes

Website
Username
Password
Notes

Website
Username
Password
Notes

Website
Username
Password
Notes

Website	
Username	
Password	
Notes	

Website	
Username	
Password	
Notes	

Website	
Username	
Password	
Notes	

Website	
Username	
Password	
Notes	

Website	
Username	
Password	
Notes	

A
B
C
D
E
F
G
H
I
J
K
L
M
N
O
P
Q
R
S
T
U
V
W
X
Y
Z

A
B
C
D
E
F
G
H
I
J
K
L
M
N
O
P
Q
R
S
T
U
V
W
X
Y
Z

Website	
Username	
Password	
Notes	

Website	
Username	
Password	
Notes	

Website	
Username	
Password	
Notes	

Website	
Username	
Password	
Notes	

Website	
Username	
Password	
Notes	

Website	....	A
Username	....	B
Password	....	C
Notes	....	D
		E
Website	....	F
Username	....	G
Password	....	H
Notes	....	I
		J
Website	....	K
Username	....	L
Password	....	M
Notes	....	N
		O
Website	....	P
Username	....	Q
Password	....	R
Notes	....	S
		T
Website	....	U
Username	....	V
Password	....	**W**
Notes	....	X
		Y
		Z

A
B
C
D
E
F
G
H
I
J
K
L
M
N
O
P
Q
R
S
T
U
V
W
X
Y
Z

Website

Username

Password

Notes

Website

Username

Password

Notes

Website

Username

Password

Notes

Website

Username

Password

Notes

Website

Username

Password

Notes

Website	
Username	
Password	
Notes	

Website	
Username	
Password	
Notes	

Website	
Username	
Password	
Notes	

Website	
Username	
Password	
Notes	

Website	
Username	
Password	
Notes	

A
B
C
D
E
F
G
H
I
J
K
L
M
N
O
P
Q
R
S
T
U
V
W
X
Y
Z

A B C D E F G H I J K L M N O P Q R S T U V W **X** Y Z

Website	
Username	
Password	
Notes	

Website	
Username	
Password	
Notes	

Website	
Username	
Password	
Notes	

Website	
Username	
Password	
Notes	

Website	
Username	
Password	
Notes	

Website	
Username	....
Password	....
Notes	....
	....

Website	
Username	....
Password	....
Notes	....
	....

Website	
Username	....
Password	....
Notes	....
	....

Website	
Username	....
Password	....
Notes	....
	....

Website	
Username	....
Password	....
Notes	....
	....

A B C D E F G H I J K L M N O P Q R S T U V W **X** Y Z

A
B
C
D
E
F
G
H
I
J
K
L
M
N
O
P
Q
R
S
T
U
V
W
X
Y
Z

| Website |
| Username |
| Password |
| Notes |

| Website |
| Username |
| Password |
| Notes |

| Website |
| Username |
| Password |
| Notes |

| Website |
| Username |
| Password |
| Notes |

| Website |
| Username |
| Password |
| Notes |

Website	....	A
Username	....	B
Password	....	C
Notes	....	D
		E
Website	....	F
Username	....	G
Password	....	H
Notes	....	I
		J
Website	....	K
Username	....	L
Password	....	M
Notes	....	N
		O
Website	....	P
Username	....	Q
Password	....	R
Notes	....	S
		T
Website	....	U
Username	....	V
Password	....	W
Notes	....	**X**
		Y
		Z

A
B
C
D
E
F
G
H
I
J
K
L
M
N
O
P
Q
R
S
T
U
V
W
X
Y
Z

Website
Username
Password
Notes

Website
Username
Password
Notes

Website
Username
Password
Notes

Website
Username
Password
Notes

Website
Username
Password
Notes

Website	
Username	....
Password	....
Notes	....
	....

Website	
Username	....
Password	....
Notes	....
	....

Website	
Username	....
Password	....
Notes	....
	....

Website	
Username	....
Password	....
Notes	....
	....

Website	
Username	....
Password	....
Notes	....
	....

A
B
C
D
E
F
G
H
I
J
K
L
M
N
O
P
Q
R
S
T
U
V
W
X
Y
Z

A
B
C
D
E
F
G
H
I
J
K
L
M
N
O
P
Q
R
S
T
U
V
W
X
Y
Z

Website

Username

Password

Notes

Website

Username

Password

Notes

Website

Username

Password

Notes

Website

Username

Password

Notes

Website

Username

Password

Notes

Website	
Username	
Password	
Notes	

Website	
Username	
Password	
Notes	

Website	
Username	
Password	
Notes	

Website	
Username	
Password	
Notes	

Website	
Username	
Password	
Notes	

A
B
C
D
E
F
G
H
I
J
K
L
M
N
O
P
Q
R
S
T
U
V
W
X
Y
Z

A
B
C
D
E
F
G
H
I
J
K
L
M
N
O
P
Q
R
S
T
U
V
W
X
Y
Z

Website

Username

Password

Notes

Website

Username

Password

Notes

Website

Username

Password

Notes

Website

Username

Password

Notes

Website

Username

Password

Notes

Website	
Username	
Password	
Notes	

Website	
Username	
Password	
Notes	

Website	
Username	
Password	
Notes	

Website	
Username	
Password	
Notes	

Website	
Username	
Password	
Notes	

A
B
C
D
E
F
G
H
I
J
K
L
M
N
O
P
Q
R
S
T
U
V
W
X
Y
Z

A B C D E F G H I J K L M N O P Q R S T U V W X Y Z

Website	....
Username	....
Password	....
Notes	....

Website	....
Username	....
Password	....
Notes	....

Website	....
Username	....
Password	....
Notes	....

Website	....
Username	....
Password	....
Notes	....

Website	....
Username	....
Password	....
Notes	....

Website	....
Username	....
Password	....
Notes	....

Website	....
Username	....
Password	....
Notes	....

Website	....
Username	....
Password	....
Notes	....

Website	....
Username	....
Password	....
Notes	....

Website	....
Username	....
Password	....
Notes	....

A
B
C
D
E
F
G
H
I
J
K
L
M
N
O
P
Q
R
S
T
U
V
W
X
Y
Z

USEFUL INTERNET & COMPUTER INFORMATION

INTERNET SERVICE PROVIDER NAME:

ACCOUNT NUMBER:

TECH SUPPORT:

CUSTOMER SERVICE:

NOTE:

ROUTER/WIRELESS ACCESS POINT

MODEL NUMBER:

SERIAL NUMBER:

OUTGOING SERVER:

DEFAULT USERNAME:

DEFAULT PASSWORD:

USER DEFAINED RL/IP ADDRESS:

USER DEFAINED USERNAME:

USER DEFAINED PASSWORD

NOTE:

DOMAIN INFORMATION

DOMAIN NAME:

HOST ADDRESS:

USERNAME:

PASSWORD:

TECH SUPPORT:

CUSTOMER SERVICE:

NOTE:

EMAIL PERSONAL

MAIL SERVER TYPE:

INCOMING SERVER:

OUTGOING SERVER:

USERNAME:

PASSWORD:

EMAIL WORK

MAIL SERVER TYPE:

INCOMING SERVER:

OUTGOING SERVER:

USERNAME:

PASSWORD:

NOTES

NOTES

NOTES

NOTES

NOTES

NOTES

Made in the USA
Monee, IL
07 July 2026